Iam

IT A COME

IT A COME

Poems by Michael Smith

Edited by Mervyn Morris

City Lights Books
San Francisco

Copyright © 1986 by Nerissa Smith
All rights reserved

First City Lights edition 1989

Cover photograph of Michael Smith by Derek Bishton
Courtesy of Derek Bishton

Cover design by Patricia Fujii

LIBRARY OF CONGRESS
Library of Congress Cataloging-in-Publication Data

Smith, Michael, 1954-1983
   It a come / by Michael Smith.
     p.   cm.
   ISBN 0-87286-217-8 : $5.95
   I. Title.
   PR9265.9.S65I8 1988
   811--dc19   88-1045
                                                 CIP

City Lights Books are available to bookstores through our primary distributor: Subterranean Company, P.O. Box 10233, Eugene, OR 97440 (503)343-6324. Our books are also available through library jobbers and regional distributors. For personal orders and catalogs, please write to City Lights Books, 261 Columbus Avenue, San Francisco, CA 94133.

CITY LIGHTS BOOKS are edited by Lawrence Ferlinghetti & Nancy J. Peters and published at the City Lights Bookstore, 261 Columbus Avenue, San Francisco, CA 94133.

Contents

Editor's notes	9
Me Cyaan Believe It	13
A Go Blow Fire	16
Yout Out Deh	17
It A Come	19
Me Feel It, Yuh See	21
Picture Or No Picture	23
Sunday A Come	25
I An I Alone	27
Ticky Ticky Tuck	31
Give Me Little Dub Music	32
Long Time	34
Reality Seh	35
Sunday	37
Tell Me	38
Man A Chat	39
A Waan Free Up De System	40
Dread	42
Revolutionary	44
I Still Deh Ya	45
Dis-Ya Dutty	46
I Sight Up Tacky	47
Meck Dem Know How Yuh Feel	49
Say, Natty-Natty	50
Roots	53
Black And White	57
Trainer	58
Dem Naw Destroy I	61

Editor's Notes

The poems speak for themselves. It may be useful, though, to trace (however swiftly) the journey to their present form.

Michael Smith ('Mikey') who died on August 17, 1983 — 'Stoned to death on Stony Hill'[1] — was born in Kingston, Jamaica, on September 14, 1954. His father was a mason, his mother a factory worker. Though Mikey attended schools, he claimed that much of his education was acquired on the street. In early adulthood he entered the Jamaica School of Drama, from which he graduated in 1980 with a Diploma in Theatre Arts.

He performed his poems to great acclaim in several countries; and through television and records some of his work, as performed by him, has become familiar to many people who never saw him in the flesh.[2] Two of his poems were made available on a Jamaican disco 45, *Word* (Kingston: Light of Saba 1978/002) and on another disco 45, *Me Cyaan Believe It* and *Roots* (London: LKJ, 1980). Nine poems (including those two) are presented on the 1982 LP, *Mi Cyaan Believe It* (London: Island Records ILPS 9717).

He has described how some of his pieces were developed. Sometimes, listening to people talk, he was struck by a phrase and chose to build on that. Sometimes he began with a rhythm.

> A man seh, 'Boy, me can't believe it, that the thing gone up, you know.' Me seh, 'Rahtid, a it that, you know! We can't believe it. And when you can't believe it and you look and you see the things that you can't believe!' And then me go home now and me seh, 'Yeh. Poem now. I waan get a poem. "Cyaan believe it". That's the poem I want.' And then it slowly evolve. It might work out. You might jot it down — line, piece a line — and you go weh and you leave it, and then you come back an you build on it. Or it might come 'roops', right out. The whole intensity just come right out and you just really — it release. Or sometimes a rhythm come to me first. You know, is a rhythm, and me seh, 'Dah rhythm-ya feel nice, you know, feel nice.'

> And then me try remember the rhythm. . .and then I build under that, build up under that. Build under that and catch me breaks and the bridges. Just like how a musician a work out.[3]

Listening to Mikey perform (with or without a backing of music), one can hardly fail to notice his firm sense of structure and of rhythmic patterning. The rhetoric of preachers and politicians, the cries of pedlars; allusions to proverbs, nursery rhymes, children's games, the Bible, Rasta talk, poems, reggae, and to flashpoints in Jamaican and international news — they are pulled together or set against each other in what are usually well articulated rhythmic structures. Honor Ford Smith, who was one of his tutors at the Jamaica School of Drama, has remarked on the seriousness of Mikey's preparation:

> he would work hours and hours, sometimes the whole day, with his tape recorder which would have the backing tracks for the music, trying out different variations of rhythm. He was very very conscious of the variety that he could get in his voice. And you hear it in the voice, and you hear his consciousness of pace, when you listen to his recording, and when you hear him perform you would hear that he had worked for hours on the pacing of his poetry, you know. So it wasn't just something that he improvised when he got on stage.[4].

As his reputation grew, he became more and more anxious to put together a book of his poems. He asked me to help. He showed me poems in manuscript. I found them difficult to read. As in some of the versions in print, spelling and punctuation seemed to me unhelpful, and the arrangement of lines was often at odds with the rhythms of Mikey in performance.

We agreed on a working procedure. Mikey would read poems into a tape recorder; then I, listening to the tape while examining the manuscript, would suggest a representation on the page that seemed to me consistent with Mikey's reading. Then he would make decisions.

Because he died before the project was completed, it is I who have made most decisions about spelling, punctuation, line-breaks and stanzas. But I am confident he would have been happy with this book. I have followed the directives of his voice; and the only poems here which I have not repeatedly heard him say are *Sunday, Tell Me, A Waan Free Up De System* and *Dread*. I have not cut the poems, nor have I written in bits of my own. These are Mikey's words in Mikey's order, now presented for the convenience of readers.

Notes
1. Edward Kamau Brathwaite, dedicating *History of the Voice* (London & Port of Spain: New Beacon Books, 1984).

2. For example, many saw him featured on the television programme *Arena* broadcast on BBC 2 on Tuesday November 23, 1982.

3. Mikey Smith interviewed by Mervyn Morris, May 27, 1981. *Jamaica Journal* Vol.18 No. 2, May-July 1985, p.41.

4. Honor Ford Smith, interviewed May 18, 1984.

ME CYAAN BELIEVE IT

Me seh me cyaan believe it
me seh me cyaan believe it

Room dem a rent
me apply widin
but as me go een
cockroach rat an scorpion
also come een

Waan good
nose haffi run
but me naw go siddung pon high wall
like Humpty Dumpty
me a face me reality

One little bwoy come blow im horn
an me look pon im wid scorn
an me realize how me five bwoy-picni
was a victim of de trick
dem call partisan politricks

an me ban me belly
an me bawl
an me ban me belly
an me bawl
Lawd
me cyaan believe it
me seh me cyaan believe it

Me daughter bwoy-frien name Sailor
an im pass through de port like a ship
more gran-picni fi feed
an de whole a we in need
what a night what a plight
an we cyaan get a bite
me life is a stiff fight
an me cyaan believe it
me seh me cyaan believe it

Sittin on de corner wid me frien
talkin bout tings an time
me hear one voice seh
'Who dat?'
Me seh 'A who dat?'
'A who a seh who dat
when me a seh who dat?'

When yuh teck a stock
dem lick we dung flat
teet start fly
an big man start cry
me seh me cyaan believe it
me seh me cyaan believe it

De odder day
me a pass one yard pon de hill
When me teck a stock me hear
'Hey, bwoy!'
'Yes, mam?'
'Hey, bwoy!'
'Yes, mam!'
'Yuh clean up de dawg shit?'
'Yes, mam.'

An me cyaan believe it
me seh me cyaan believe it

Doris a modder of four
get a wuk as a domestic
Boss man move een
an bap si kaisico she pregnant again
bap si kaisico she pregnant again
an me cyaan believe it
me seh me cyaan believe it

Deh a yard de odder night
when me hear 'Fire! Fire!'
'Fire, to plate claat!'
Who dead? You dead!
Who dead? Me dead!
Who dead? Harry dead!
Who dead? Eleven dead!
Woeeeeeeee
Orange Street fire
deh pon me head
an me cyaan believe it
me seh me cyaan believe it

Lawd
me see some blackbud
livin inna one buildin
but no rent no pay
so dem cyaan stay
Lawd
de oppress an de dispossess
cyaan get no res

What nex?

Teck a trip from Kingston
to Jamaica
Teck twelve from a dozen
an me see me mumma in heaven
Madhouse!   Madhouse!

Me seh me cyaan believe it
me seh me cyaan believe it

Yuh believe it?
How yuh fi believe it
when yuh laugh
an yuh blind yuh eye to it?

But me know yuh believe it
Lawwwwwwwwd
me know yuh believe it

A GO BLOW FIRE

Me naw disown dis-ya talk
fi chat bout me freedom.
Naw tun criminal
siddung fill me lungs wid smoke
an sing song of lamentation
all day long.

Yuh tink every day I a go get up
an jus blow like dus
an when I cry
fi-I tears tun to pus?

I cyaan just a galang
a hope like a barren lan fi rain.
I soon bus

for behind I is darkness,
round I destruction,
an before I
hunger
a go blow fire!

YOUT OUT DEH

Yuh no see it, Trainer?
Look how much yout out deh
a live from han to mout
an jus a run all about
an jus a pester people
fi dutty up dem vehicle
fi get little pittance
so dat dem life can balance.

Yuh tink de only opportunity
we can give dem in dis modern society
is fi come paint political graffiti
an further distort dem personality
an tun dem into wild coyote
dat always a shoot
an every time dem greet we
is a plow an a yow
an I no cow?
Well, watch ya now!

Yuh tink every day
dem a go get up
an pin dem hope
pon politician narrow scope?
Before so,
everyting go up inna smoke!

Yuh no see it, Trainer,
dat blood did on ya
run like water go through strainer?
Yuh tink dem a go remain silent forever
an no get a insight into dem vision
dat two polly lizard an two silver ticks
doan add up to politricks?
Fi dem stop live an fret
an havin regret
like dem life set
pon recalculated step?

Dis-ya soun a murderer,
it cyaan go no furtherer.
de wretched of de eart
goin go meck de downpressor
nyam dirt!

IT A COME

It a come
fire a go bun
blood a go run
No care how yuh teck it
some haffi regret it

Yuh coulda vex till yuh blue
I a reveal it to you
dat cut-eye cut-eye cyaan
cut dis-ya reality in two

It a come
fire a go bun
blood a go run
it goin go teck you
it goin go teck you

so Maggie Thatcher
yuh better watch ya
yuh goin go meet yuh Waterloo
yuh can stay deh a screw
I a subpoena you
from de little fella
call Nelson Mandela
who goin tun a martyr
fi yuh stop support
de blood-suckin I
call apartheid

for it a come
blood a go run
it goin go teck you
it goin go teck you

an if yuh inna yuh mansion
a get some passion
it goin go bus out in deh
like a fusion bomb

it a swell up inna de groun
an yuh cyaan hold it back
yuh haffi subscribe to it
or feel it

an no bodder run to no politician
for im cyaan bribe dis-ya one
an no bodder teck it fi joke
yuh no see wha happen to de Pope

It a come
fire a go bun
blood a go run
it goin go teck you
it goin go teck you

Some goin go call it awareness
an we goin go celebrate it wid firmness
Odders goin go call it revolution
but I prefer liberation

Fi de oppressed an de dispossessed
who has been restless
a full time dem get some rest

for it a come
fire a go bun
blood a go run
it goin go teck you
it goin go teck you

not only fi I
but fi you too

ME FEEL IT, YUH SEE

Me feel it, yuh see,
fi see so much yout out deh
under such a hell of a strain
till dem don't even know dem name.
Dem out deh, nuffer dan cigarette butt,
out a luck a look fi wuk,
tinkin dat freedom is a senseless dream,
an grip wid such feelin of hostility
dem woulda strangle a dawg fi get a bone
an devalue dem dignity.

Me feel it, yuh see,
fi see dat inna dis-ya concrete jungle
de yout no got nuttin to relate to.
Some tryin fi get close to Babylon
to pay dem rent
but de system
han down a crucial kind a judgement.
An tears will not satisfy I
to preserve a democrisy
whereby youtful lives pay de penalty
for politicians' irresponsibility
while dem intellectual pen dragon
a justify de dutty currydunction
dat I live pon like a little mampala man.

Me feel it, yuh see,
fi see dat dem twis justice an equality
till it no address I-an-I reality,
dat when yuh teck a stock
big man haffi a run back
fi hanker pon im ole-lady frock,
fi ketch up im stomach
dat stretch out like a hammock.

Me feel it, yuh see,
but anytime yuh see
de yout-man-dem stumble
doan tink dem fall.
Watch out!
Dem a plan fi meck yuh bawl!

PICTURE OR NO PICTURE

It was seven past nine
Daylight Saving Time
when a step pon a corner
fi smoke a spliff
because de time a run stiff

when a sight some man sit een
like dem jus a exist

an it jus grip me inna de guts
dat sooner or later
dis silence
goin bus

an dem goin badder dan dem blacks
inna Brixton
dat went over pon banana boat
an teck it fi joke
when dem picni bawl
'Justice out
inna Britout!'

an dem goin badder dan dem blacks
inna Boo York
dat seat een
pon sidewalk
wid dis vacant feelin
like dem waan sinting
fi believe in

an dem goin badder dan dem intellectuals
dat a seek companion
wid dem pen dragon

an dem goin badder dan dem gun man
dat a drive fear inna we
fi cripple I-man

Picture or no picture?
Tell me, teacher

SUNDAY A COME

Sometime a siddung
wid me heart full up an me face wet up
for is a shame when yuh mumma breast wither up
an yuh waan cry an yuh cyaan bawl
for darkness between yuh world an yuh skin

but a like how yuh scratch dem drum
fi know yuh name an whe yuh come from
for dat note is a long note
too long fi I sing it straight

but de yout dem a talk a different talk
dem a multiply dem step an dem a look inna de sun
an dem naw tun back
dem allergic to de scene

        One an twenty
        Two an twenty
        Sweat an dry
        Pocket empty

an dem naw line up
diggin dem dreams from no asphalted street
wid no swollen mout an no blistered feet

so meck yuh tun me life pon me head
meck me go walk

so meck me walk
like a me did bun
like a me did a bun
bun down Cross Road
bun down Cross Road

A doan like tell story
for dat note is a long note
too long fi I tell it straight

but a goin walk pon me blistered feet
sing louder dan de abeng
through me swollen mout
an stan firm
wid me puppa holograph
drench in blood

Sunday a come

I AN I ALONE

I an I alone
a trod through creation.
Babylon on I right, Babylon on I lef,
Babylon in front of I an Babylon behind I,
an I an I alone in the middle
like a Goliath wid a sling-shot.

'Ten cent a bundle fi me calaloo!
Yuh a buy calaloo, dread? Ten cent.'

Everybody a try fi sell someting,
everybody a try fi grab someting,
everybody a try fi hustle someting,
everybody a try fi kill someting,

but ting an ting mus ring,
an only a few can sing
cause dem naw face de same sinting.

(Sung) *It's a hard road to travel*
        An a mighty long way to go.
        Jesus, me blessed Saviour,
        will meet us on the journey home.

'Shoppin bag! Shoppin bag! Five cent fi one!'
'Green pepper! Thyme! Skellion an pimento!'
'Remember de Sabbath day, to keep it holy!
Six days shalt thou labour,
but on the seventh day shalt thou rest.'
'Hi, mam, how much fi dah piece a yam deh?
'No, no dat; dat! Yes; dat!'
'Three dollars a poun, nice gentleman.'
'Clear out! Oonoo country people too damn tief!'
'Like yuh mumma!'
'Fi-me mumma? Wha yuh know bout me mumma?'
'Look ya, a might push dis inna yuh!'
'Yuh lie! A woulda collar yuh!'
'Bruck it up! But, dread, cool down!'
'Alright, cool down. Rastafari!'

De people-dem a teck everyting meck a muckle.
Dem a try fi hustle down de price
fi meck two ends meet,
de odder one a try fi push up de price
fi meck de picni backbone get sinting fi eat.
But two teet meet an dem a bark,
dem cyaan stan de pressure,
dem tired fi compete wid hog an dawg,
but dem mus aspire fi someting better
although dem dungle-heap ketch a fire.

Cyaan meck blood outa stone,
an cow never know de use a im tail
till fly teck it, but from dem born
dem a fan de fly of poverty from dem ass
for dem never have a tail fi cover it.

'Watch me, watch me, watch me!' 'Hey, handcart-bwoy,
mind yuh lick dung me picni-dem, yuh know!'
'Tief! Tief! Tief!' 'Whe im deh?
Look out, meck a bruck im friggin neck!'
'Im a one a de P-dem!'

Yuh see it? Zacky was me frien
but look how im life a go end?
Party politics play de trick
an it lick im dung
wid de big coocoomacca stick.

I an I alone
a trod through creation,
Babylon on me right, Babylon on me lef,
Babylon in front of I an Babylon behind I,
an I an I alone inna de middle
like a Goliath wid a sling-shot.

'Picni-dem a bawl,
rent to pay,
wife to obey,
but only Jesus know de way!
De meek shall inherit de earth
an de fulness thereof!'

But look what she inherit?
Six months pregnant, five mout fi feed,
an her man deh a jail, no bail.

'Cho, Roy, man! Let me go, no, man?
Me no want no man inna '81!'
'So wha happen? It was only '80
yuh did a teck man? Cho, Doris, man,
consider dis late application.'

Dem waan meck love pon hungry belly
jus fi figet dis moment of poverty
but she mus get breed
an dem haffi go face dem calamity.

'Joshua did seh oonoo fi draw oonoo belt tight.'
'Which belt, when me tripe a come through me mout?'
'What happen, sah, yuh get deliver? Yuh naw answer?'
'Hi, lady, yuh believe in Socialism?'
'No, sah, me believe in social livin.'

'Calaloo! Shoppin bag! Thyme!'
'Dinner mints! Cigarettes an Wrigley's!'
'Hi, Albert, which part Tiny?'
'Hi, sah, beg yuh a ten cent, no?'
'Meck yuh no leave de man alone?'
'Hi, sexy! Honey-bunch! Sugar-plum!'
'Dog-shit! Cow-shit!'

I an I alone
a trod through creation,
Babylon on I right, Babylon on I lef,
Babylon behind I an Babylon in front of I,
an I an I alone inna de middle
like a Goliath wid a sling-shot.

Lawd, a find a ten cent.
Lawd, we naw go get no sentance.

TICKY TICKY TUCK

Ticky ticky tuck
everyting stuck
Dem a look little wuk

Wha yuh name?
     Me no know
Whe yuh goin?
     Nowhere
What yuh lookin?
     Anyting

Ticky ticky tuck
everybody bruck
What a luck

No wuk

GIVE ME LITTLE DUB MUSIC

Give me little dub music
right ya so
tonight

Give me little dub music
right ya so
tonight

A have dis haunted feelin
so meck we bat een
an ketch a reasonin

No bodder talk bout anyting too tough
Skip de usual stuff
dat yuh out a luck
a look fi wuk
an meck we seat up

We no mourners
We naw go watch weself
go down de road
like witherin flowers

An jus
give me little dub music
right ya so
tonight

Give me little dub music
right ya so
tonight

For we search we head an we heart
down to we very soul
an we still waan someting else fi hold
We naw go stop
an come off a Brutas Pass
We waan someting
dat will last

An de more dis-ya system-ya squeeze we
fire boun fi gush outa we

So jus excuse me
an give me pass
an meck a chat to yuh boss
for im a rock out me
for im a rock out me
me rass

fi jus
give me little dub music
right ya so
tonight

Give me little dub music
right ya so
tonight

dat anytime we have a power cut
a no lies an deceit an hypocrisy
full up I-man gut

So jus
give me little dub music
right ya so
tonight

Give me little dub music
right ya so
tonight

LONG TIME

Long time we no have no fun.
A seh de latest ting now is gun.
Look, man haffi a run!
Lawd God! A pure fire bun!
Thy kingdom come.
What is to be done?

Long time we no have no fun.
All we have is we chalice in de palace.
One draw an we shout, 'Version!'
De nex ting yuh know
we lan inna station.
Man, it dread in iration!

Dancin to de sounds of de dub
we find dat dis was we only fun,
but twelve o'clock come
an everyting haffi close dung.

Beast deh pon spot,
an some haffi meck a hasty retreat
because dem well hot.

Dutty putty no wut i.
We haffi join a party.
Nex ting yuh know
we no hearty,
because de nex man pon
de odder side a de fence
im join anodder party
an de both a we a chuck i.
Yuh no see we no lucky?
Cause we both bite de dutty.

Long time we no have no fun.
A when dis nonsense a go done?

REALITY SEH

See ya, I cyaan understan
how we surrounded by de sea
yet we have political refugee
fleein from community
dat is terrorized by mercenaries

an Boy Blue get de title Field Marshal
yet im back no ben

an still im a lead a squad
a cinematic yout
dat tink dem well cute.
jus because dem trash
an well match.

An yuh a come tell me dat
dat is destiny
an fulfilment of prophecy?

I cyaan understan
how de sun so hot
an not even a smoke
can come outa I-man pot.

Yuh want I tun to dope
an nyam pork
an give up hope
an meck yuh come seh
I cyaan cope?

Before so,
everyting go up inna smoke.
Yuh tink I a joke?

I naw search fi no identity
inna dis-ya society
an come content wid no insanity.

Not me!
Reality seh I fi free!

SUNDAY

I sit
Sunday

not meditating on
people clapping
shouting
meek
shall inherit earth

but meditating
freedom

I
shall not die
a natural death
but fighting

TELL ME

Tell me
if yuh really waan fi hear
how dem waan fi play pon we fear
an if we doan kick up a fuss
dem a go reduce us to atmospheric dust

or tell me
if yuh really waan fi see
de dutty go remain slippery
while dem trick we wid lies an secrecy
fi run we through a sieve
fi meck we remain conservative
so dem can exploit we

or tell me
if is really what yuh feel
when a tell yuh
a have dis new need dat grip we
wid such intensity
dat it boun fi peel off bureaucracy

Tell me
if is really what yuh feel
for it a bus up inna me head
how dem a manufacture de lead
fi come profit off a dead

Yuh disrespec we anger
dat waan fi bus up a reactor
fi get we release
an meck we realize we peace?

Tell me
if is really what yuh feel

MAN A CHAT

Everywhere yuh go
yuh hear a man chat bout gunshot,
yuh hear who get drop
an who still a face de sun-hot.

Everywhere yuh go
yuh hear dis one well set
while im frien a live an fret.
Yuh better tink twice
before yuh tell a man bout sacrifice,
a strickly cash dem a defen.
Yuh no see how dem a run it,
dat by de time yuh reach roun de ben
a man deh pon spot
fi sell yuh Half Way Tree clock,
an if yuh teck too long fi meck up yuh mind
yuh haffi go pay im interes fi im time?

Everywhere yuh go
man a look it,
it get so crabbit
dat who cyaan teck it
deh pon de street
a fall in love wid rubbish heap.

De system a mash up dem straight line,
dat not even *yuh*
no notice de time.
It cyaan go so.
Is dis de livity of dem democracy
whereby it work out to be a catch-i shoob-i,
progress strickly mean fi-I address?

Yes? Well a trap did set.
Tell I how much yuh did get.

A WAAN FREE UP DE SYSTEM

A waan free up de system
cause it a meck me feel
dat we cyaan get no satisfaction
until we chop off we right han

so me waan fi drape it
inna it shut
till it bus up

fi meck dem know
dat a jus fed-up
dat when dem a chat dem fart
bout fi add more nought
we just chip een
an meck dem know
dat a fi-we time now
fi tell dem two plate claat
an meck dem understan
we rass claat predicament
dat dem got we a live inna

dat when we walk pon de street
cyaan even feel
de nex man body heat
cause it look like dem prefer
fi see we live inna nuclear tension
rather dan meck we realize
we expectations

Dem a stifle we
wid dem policy judgement
an figet seh dat dem security
can only hold we
under de impression dat we safer
from de iron man
whichever a dem
got de neutron bomb

We haffi see dem hidden intention
fi meck we content
wid dat false illusion

So meck we free up de system
fi meck we dance
to a new rhythm
an jus mash dem ism

DREAD

I jead inna I locks
but I hair no wax

    I jead
    I jead

I dread when I sight
man a walk inna middle road
fi meck car lick im dung
so dat Goverment can teck im body

    I vex
    I a screw
    I a wrinch

A feel like a waan bawl
when I hear de people-dem outcry
an realize seh dat
de flight of capital
is a contribution
to dis-ya situation

I dread
till a waan run red
when a see Missa I-sa an his
Ambassadors of Poverty
have some dawgs
de Duke an de Duchess
a live inna fine style
an Miss Mamma's bwoy-picni-dem
haffi a hustle like patta-cat
fi get someting fi eat

An some yout-man dem
naw teck stock a dat
dem more a check
fi go watch Where It's Not

I dread
me a tell yuh

A fed-up
A waan string-up
dis-ya system
till it pop-up

I red
when dem tell I
dat I cyaan be secure
in dis insecure worl
which is full of complexity
an folly formalities
like demockroicy

when all I see a pure malediction
a reach we inna every situation

Lawd
dis-ya song of poverty
no have no ounce of generosity
to ease some of we calamity

Dat's why
I dread inna I locks
but I hair no wax

cause
blood inna me eye
fire inna we bone
revolution inna me head

well dread

REVOLUTIONARY

Yuh see all de time
a siddung ya naw seh nutten?
A jus a tink
how a never have no fahder
an how a had to model me modder
fi live ina one little tenement yard
which part everybody tink dem better off
dan de odder, yet when night come
dem ben up like exercise book,
siddung a wonder wha dem a go cook.

She never business bout Africa,
much less fi go like Rasta,
an she woulda wuk night an day,
make sacrifice an pray.
For all she waan fi know,
dat her son come out to sinting better
so she can move outa de hog pen
an show off pon her frien.

I remember de fus day
de bull come inna de pen,
im seh, 'A goin ketch dis dungle a fire
an buil some concrete structure,
dat pon a dark day
yuh can stretch outside an polish de sky!'
An we seh dis was progress,
content wid an incompleteness
inside.

Now I tun man
I sight up a revolutionary vision:
if we waan seh roots any at all
we haffi go stop we mumma from movin
from yard to yard

I STILL DEH YA

Yuh member how we get conscious as a yout
dem days when we use to talk nuff bout Garvey
an buy ital yatty till is swell we head
fi come walk wid Rodney?
It use to bun dem odder one
de way we use to chat bout Marley
an tell dem dat as long as dem imitate
dem will always full up a self-hate.

Yuh no member de big strong straptin black man
dat use to have nuff gal roun im
dat when im walk down de street
everybody start fi talk
an when im open im mout
every dawg start fi bark?
Well, im still down a penitentiary
a run battery.

No bodder talk how dem dance use to cork!
An we jus stan up outa de gate
as teck een de King dub plate!
But wait,
no im same one did tell we dat
im have a plan fi free de African
fi stop open door fi Sheraton?
Fi all I know,
im deh a far-out a reach out.
An de odder one?
De system jus reduce im to a fashion
an meck im deh pon im knee
a beg fi im dignity.

I still deh ya
a seh yuh haffi stop sing De Carpenters'
'Only Yesterday' an meck we create we today
dat tomorrow dem democracy
doan reduce revolutionary
to a folly.

DIS-YA DUTTY

Dis-ya dutty, a we create it
wid we sweat an we blood;
an we nourish it.

Fire come bun we,
water come wet we,
people come teck liberty
an step pon we;
ten cent, we no got i.

Dis-ya dutty, we hate it;
but at times
a it warm we.

Koo pon we:
we black but we no ugly.
Koo pon we:
come trace we history.

I SIGHT UP TACKY

I sight up Tacky
dat did come from Africa,
de look inna im yeye
was redder dan fire.
Still, dat man did name Peter.
Im touch im crystal ball
an I sight a lot of black mumma
start fi bawl - yes, Jah!
from ya straight pass de black republic,
me a tell yuh, I-ah.
Dem was runnin to dem sorcerer,
for dem was bein follow
but not by a total stranger.

Dem seh
dem have fi find a modder
fi get rid of dis evil force
dat was keepin dem under.
Dem couldn go to dem pastor
for it would seem kinda cute,
seein dat dem was no longer a yout,
fi im start accuse dem
of not speakin de truth.

Dis-ya stranger-ya
was badder dan Mr Brown
who use to have nuff people a town
a run up an down
a look fi wha dem no pu down.

Doan laugh, me bredda.
Yuh is a new type of African,
dat's why oppression
can bruck up yuh straight line
an spread so much confusion,
meck yuh lose yuh prestige
amongst man an man.

But look, yuh got hands
an yu damn strong.
No submerge yuhself under de pressure
an meck freedom haunt yuh
till yuh tink dat dere can never be better
so might as well yuh suffer.

If yuh waan two ends fi meet
only yuh can do it,
by awakenin yuh soul to yuh reality
an determine not to devalue yuh dignity.
Stan up like Tacky!
Regardless of de term
yuh haffi stan firm
fi we chart we destiny.

Yuh feel de heat?
Who will suck anodder kisko-pop?

MECK DEM KNOW HOW YUH FEEL

Meck dem know how yuh feel
fi siddung deh so long,
an a no you one de pressure a teck.
Down to de yout-dem inna Brixton
stop sing glory to Englan,
for not even a laugh
can come outa dem heart
de way dem desperate
fi sinting fi nyam.

Meck dem know dat bull inna pen
waan fi come out
fi go chat wid im frien
an backward dem wid dem
mock-ritual-of-poverty chat
dat dem hold we wid
when election pop.
Dem tink we doan know,
meck dem galang so.

Dem tink we figet Vietnam
when we did jump an shout
dat dem fi drive dose barbarians out
an never realize dat dem a human
dat have a burnin desire fi free
like any odder man.

Meck dem know how yuh feel,
an no bodder come to me
come look sympathy,
for friendly understandin
is not de solution.
We waan answer, or else
dis-ya civilization ya
cyaan go no further.

SAY, NATTY-NATTY

Say,
Natty-Natty,
no bodder
dash weh
yuh culture!

Say, Natty-Natty,
no bodder
dash weh
yuh culture!

For de teacher man know it
but im naw tell de sheep
dat ratta ratta
no bring back new teet
when yuh dash weh de spliff
an yuh teck up de sniff.

Remember yard is yuh mumma,
pon groun yuh sleep,
a seh she teck yuh picni
when yuh tired fi breed,
an if yuh no sleep
yuh mumma no sleep
an if yuh a go die
she a beg Gawd
meck she die too.

So say,
Natty-Natty
no bodder
dash weh
yuh culture!

Say,
Natty-Natty,
no bodder
dash weh
yuh culture!

Yuh no country-come-to-town,
yuh born a Jam-down,
so no figet yuh gal a yard
an teck one from abroad
an lick out pon de beach
an ejaculate
between a *Time* magazine.
Dem will spread it
pon a Boo York scene
seh yuh's a dollar-a-day dread.
A better yuh bald yuh head!

So say, Natty-Natty,
no bodder
dash weh
yuh culture!

Say, Natty-Natty,
no bodder
dash weh
yuh culture!

A know yuh disillusion
when yuh see de politician
im teck out yuh daughter
an im buy her supper
an im get her fat
an im call it culture.

But say, Natty-Natty,
be aware of de cultural smuggler!
Say, Natty-Natty,
be aware of de cultural smuggler!

No bodder teck we revolution, man,
so tun touris attraction!

ROOTS

Roots
Roots
Roots
    Lawwwwwwd
    an dem a roots
    an dem a roots
Roots

Youtman-dem searchin
de crevice an corners
fi dem roots

    Lawwwwwwd
    an dem a roots
    an dem a roots

But searchin fi im roots
a cause an explosion
between man an man

    Lawwwwwwd
    but dem a roots
    but dem a roots

Some a seh
which roots
when de only roots dem can trace
start wid dem modder
an end wid dem granmodder

    dem naw roots
    Lawwwwwwd
    dem naw roots

But youtman
rootin in de muck like trenton
cause nobody never did tell im
whe im come from
so im haffi a root
fi find out whe im a go

    Lawwwwwwd
    an dem a roots
    an dem a roots

Intellect
a search fi im roots
through science

    an dem a roots
    Lawwwwwwd
    an dem a roots

Odders a wear dashiki
sport Afro
locks head
smoke iley
fi identify wid dem roots

    Lawwwwwwd
    an dem a roots

Lawd
dem I-tical
rootical
in dem physical

Some a beat drum
fi get closer to dem roots

    an dem a beat
    an dem a beat
    an dem a chant
    an dem a chant

        Jah
        Jah
        Rastafari
        Jah
        Jah
        Roots are I

        Lawwwwwwd
        an dem a roots
        an dem a roots

But look at dis one

Dem ask im wha im age
    Im seh roots
Sex
    Roots
Name
    No roots
    cause dat no belong to I an I

Some cursin dem roots
shoutin name like
    wild
    barbarian
    savage
    inhuman

What happen?
Fi-dem roots
no humanitarian?

        Lawwwwwwd
        an dem a roots
        an dem a roots
        an dem a roots
        an others
        an others
        as they are
        as they are

Black man
Chinee man
Coolie man
White man

de whole a dem
a look fi dem
roots

      Lawwwwwwd
      an dem a roots
      an dem a roots

BLACK AND WHITE

went to an all black school
with an all black name
all black principal
black teacher

graduated
with an all black concept

with our blackety blackety frustration
we did an all black march
with high black hopes
and an all black song

got a few solutions
not all black

went to a show
and saw our struggles
in black and white

Lawwwwwd have mercy

TRAINER

Yuh tink a little bit a tings me go through, Trainer?
I use to live inna one yard which part
everybody tink dem better off dan de odder,
an de only ting me coulda do
fi meck dem know dat me naw skin-up
when de area ready fi go erupt
is fi meck dem know
dat me a is man dat will bun up harp
an tear off house-top, because
I got some wicked thoughts.

Me a tell you, Trainer,
dat I pass some man pon corner
dat I know a some ole murderer.
An see I ya? I still deh ya!

Dat one night
a jus get up,
for a did feel fed-up,
an flash de area.

A teck a walk come up ya,
dat when yuh teck a stock
is a dance a en up at.
Dance crash. An a ready fi tracks
but las bus stop.
A never have no taxi fare,
plus a jus never did live anywhere.
So a jus walk
an hold me head in de air.

A naw tell no lie.
Jus as a reach de square
a hear a man seh,
'Kiss me ass! A goin help yuh
fi reach home before it dark!'
An im grab one little bwoy inna im wais
an before de little bwoy coulda open im mout
im seh, 'A who give you permission fi talk?
How ole yuh is
fi a stay outa yuh yard till after dark?'
De bwoy seh, 'Me? Me a fourteen,sah.'
An de man dash on de cat-a-nine,
an im bawl out, 'Lawd Jesus Christ!
Me a twenty-nine!'

Me couldn tell im dat me no live nowhere!
So me pull a skank despite im rank.
By dis time a three day me no sleep
an God bless wha me eat.

A beg a piece of newspaper
an a head fi de public house
dat dem seh renk an full a crab-louse,
dat when a reach deh
a jus satta an fall asleep
because I did feel well weak.

Yuh kow what wake me up, Trainer?
Is a man come deh inna de early mornin.
Im mus did know is a human
siddung deh a ketch a nap,
yet im dash a bucket a Jeyes water pon me
widout even sayin sorry at dat.
A look pon im. A never seh one ting.
For yuh know how a did feel,Trainer?
Fi kill im!

A teck out me ice-prick an a grab im.
An same time a hear someting seh, 'No jook im!'
An anodder ting seh,
'Jook im inna im neck meck im run an fret!'
An a see a whole heap a blood
jus a circle roun im. An a let im go,
siddung, an laugh. 'But look pon you, to rass!'

Same time a man come on an seh, 'Get up!
Yuh doan see dat dis-ya place ya dutty-up?'
An a look pon im, an a never seh one ting

for it was de firs time in me life
a really feel fi seh someting
an a couldn bring out nuttin

so a jus walk.

DEM NAW DESTROY I

Dem naw destroy I
meck I give up,
fi-I life got a sense of purpose.
Dem cyaan come een
an waan stan-up inna I gut
an expec I fi bow an scrape
like I a stranger
inna dis-ya place.

Dem meck a sad mistake
if dem tink we a go wait
fi look behind
fi dem kill Bogle again
an tell I what im stan for
was before im time.

We naw teck it so!
A de odder way it fi go!

Dem cyaan jus come een
an waan stagnate I youthfulness.
Dem treat we like waste.
We boun fi come out
a dis state of powerlessness,
for we know a new day did dawn
when Somoza did gawn!

Other City Lights Publications

Angulo de, Jaime and Gui. JAIME IN TAOS
Artaud, Antonin. ARTAUD ANTHOLOGY
Bataille, Georges. THE TEARS OF EROS
Bataille, Georges. EROTISM: Death and Sensuality
Bataille, Georges. THE STORY OF THE EYE
Baudelaire, Charles. TWENTY PROSE POEMS
Baudelaire, Charles. INTIMATE JOURNALS
Bowles, Paul. A HUNDRED CAMELS IN THE COURTYARD
Bukowski, Charles. THE MOST BEAUTIFUL WOMAN IN TOWN
Bukowski, Charles. TALES OF ORDINARY MADNESS
Bukowski, Charles. NOTES OF A DIRTY OLD MAN
Burroughs, William S. THE BURROUGHS FILE
Burroughs, William S. THE YAGE LETTERS
Cardenal, Ernesto. FROM NICARAGUA WITH LOVE
Carrington, Leonora. THE HEARING TRUMPET
Choukri, Mohamed. FOR BREAD ALONE
CITY LIGHTS REVIEW #1
CITY LIGHTS REVIEW #2
Codrescu, Andrei, ed. EXQUISITE CORPSE READER
Cornford, Adam. ANIMATIONS
Deleuze, Gilles. SPINOZA: PRACTICAL PHILOSOPHY
Dick, Leslie. WITHOUT FALLING
Ducornet, Rikki. ENTERING FIRE
Duras, Marguerite. DURAS BY DURAS
Eberhardt, Isabelle. THE OBLIVION SEEKERS
García Lorca, Federico. ODE TO WALT WHITMAN & OTHER POEMS
García Lorca, Federico. POEM OF THE DEEP SONG
Goethe, J. W. von. TALES FOR TRANSFORMATION
Hayton-Keeva, Sally, ed. VALIANT WOMEN IN WAR AND EXILE
Higman, Perry, ed. LOVE POEMS FROM SPAIN AND SPANISH AMERICA
La Duke, Betty. COMPANERAS: Women, Art & Social Change in Latin America

Lamantia, Philip. MEADOWLARK WEST
Marcelin, Philippe-Thoby. THE BEAST OF THE
 HAITIAN HILLS
Masereel, Frans. PASSIONATE JOURNEY
Mrabet, Mohammed. THE BOY WHO SET THE FIRE
Mrabet, Mohammed. THE LEMON
Mrabet, Mohammed. LOVE WITH A FEW HAIRS
Mrabet, Mohammed. M'HASHISH
Paschke, Barbara, ed. CLAMOR OF INNOCENCE: Stories
 from Central America
Pessoa, Fernando. ALWAYS ASTONISHED: Selected
 Prose
Pasolini, Pier Paolo. ROMAN POEMS
Porta, Antonio. KISSES FROM ANOTHER DREAM
Purdy, James. IN A SHALLOW GRAVE
Prévert, Jacques. PAROLES
Rey-Rosa, Rodrigo. THE BEGGAR'S KNIFE
Rigaud, Milo. SECRETS OF VOODOO
Rips, Geoffrey, ed. UNAMERICAN ACTIVITIES
Saadawi, Nawal El. MEMOIRS OF A WOMAN
 DOCTOR
Sawyer-Lauçanno, Christopher, transl.
 THE DESTRUCTION OF THE JAGUAR,
 Poems from the Books of Chilam Balam
Serge, Victor. RESISTANCE
Shepard, Sam. MOTEL CHRONICLES
Shepard, Sam. FOOL FOR LOVE & THE SAD LAMENT
 OF PECOS BILL
Smith, Michael. IT A COME
Tutuola, Amos. FEATHER WOMAN OF THE JUNGLE
Tutuola, Amos. SIMBI & THE SATYR OF THE DARK
 JUNGLE
Waley, Arthur. THE NINE SONGS
Wilson, Colin. POETRY AND MYSTICISM

Complete catalog available on request